MARÍA
MAGDALENA

Colección dirigida por Silvia Martínez Cano

Carmen P. Guzmán es laica y madre de dos hijos. Estudió Biología y se doctoró en Teología por la Universidad Pontificia Comillas. En la actualidad, prepara la publicación de su línea de investigación principal que gira en torno a la tradición de María Magdalena en el cuarto evangelio. Ha colaborado en varias publicaciones sobre María Magdalena y las mujeres en los orígenes cristianos en la revista Reseña Bíblica.

© SAN PABLO 2025
  Protasio Gómez, 11-15. 28027 Madrid
  Tel. 917 425 113
  secretaria.edit@sanpablo.es - www.sanpablo.es
© Carmen Picó Guzmán, 2025
© Ilustración de portada: Silvia Martínez Cano, 2025
© Ilustraciones de interior: Montserrat Martín Blanco, 2025

Distribución: SAN PABLO. División Comercial
Resina, 1. 28021 Madrid
Tel. 917 987 375
ventas@sanpablo.es
ISBN: 978-84-285-7433-4
Depósito legal: M. 21.788-2025
Printed in Spain. Impreso en España

Carmen P. Guzmán

MARÍA MAGDALENA

Una mujer con autoridad

SAN PABLO

Introducción

De todos es conocido el dicho popular: «llorar como una Magdalena», que nos evoca a una mujer de largos cabellos llorando desconsolada quizás delante de una tumba, quizás en una celda... ¿Por qué llora esta Magdalena? Esta es una pregunta que la imaginación se encarga de contestar: porque Jesús está muerto, porque es una mujer enamorada que ha perdido a su amante, porque está haciendo penitencia de sus muchos pecados... y podríamos dar cualquier otra respuesta que encajara en el punto de partida, el llanto.

A esta curiosa forma de memoria, y digo *curiosa* por su falta de rigor a la hora de recuperar un recuerdo, podríamos añadir otras que se han llevado a cabo en el teatro o en el cine. Hacer una película de un acontecimiento antiguo siempre requiere rellenar los «huecos» que la memoria histórica deja vacíos. Por eso, cuando se quiso representar la vida de Jesús en los años setenta con *Jesucristo Superstar* y se contó con el personaje de María Magdalena, se pensó en una prostituta. Y desde ahí algunas otras representaciones hasta llegar a la película dirigida por el director australiano Garth Davis y protagonizada por Rooney Mara en 2018.

Este dato de la profesión indecorosa de María Magdalena, que ha dado mucho juego a lo largo de la historia, ha propiciado el patrocinio de orfanatos y centros para mujeres «descarriadas» y ha inspirado fundaciones de congregaciones religiosas dedicadas a este «tipo» de mujeres, porque es a la Iglesia a la que le debemos su origen en la persona del papa Gregorio VII.

Todo esto nos coloca en un horizonte diferente del de otras mujeres bíblicas que podamos desconocer, porque a María Magdalena todo el mundo la conoce, pero cómo la conoce. Esa es la cuestión. No se trata tanto de recuperar su memoria como de limpiarla de la cantidad de polvo que le ha ido cayendo a lo largo de la historia.

La pregunta es por qué, de dónde viene esa suciedad; la respuesta se deja intuir: probablemente no se entendió, como todavía no se quiere entender, el verdadero papel que jugó esta mujer en el nacimiento de la fe en Jesucristo. Pues precisamente esto es lo que queremos abordar en esta publicación: la memoria que las primeras comunidades nos dejan de María, la llamada *Magdalena*.

Antes de empezar, unos pequeños apuntes metodológicos para entendernos:

- Los textos de las primeras comunidades no son libros redactados como lo hacemos ahora, en una sociedad alfabetizada que pone a disposición de todos los medios para poder leer y escribir, principalmente en solitario. Estos textos nacieron en una sociedad analfabeta, donde leer y escribir era una profesión y las historias se contaban en grupo, no se leían nunca en solitario.
- Estas historias eran relatos breves con pocos personajes, diálogos sencillos y repetitivos, para que la audiencia pudiera imaginarlos sin problema. Se trata de una cultura oral que repetía los detalles importantes y rellenaba con imaginación los anecdóticos.

• En este contexto, mucho tiempo después de los acontecimientos que recogen, se escriben los textos cristianos. Porque mientras hubo testigos presenciales de lo que se contaba no había duda de que lo que se relataba era lo que ocurrió. Principalmente porque quienes lo escuchaban podían corroborar la fidelidad de la narración con lo acontecido.

• Pero cuando la primera generación protagonista de las narraciones desapareció fue necesario poner por escrito esa memoria que las comunidades habían ido generando, fundamentalmente en sus reuniones periódicas. La tarea de recopilación, selección, ordenación y puesta por escrito es lo que llamaríamos los *primeros evangelios,* que después se releerán sucesivamente hasta adquirir la forma narrativa en que hoy los conocemos.

Con estas premisas empecemos a desempolvar la memoria de Miriam de Magdala.

1

Era de Magdala y caminaba sola

Miriam era un nombre muy común entre las mujeres galileas del siglo I. Procedente del hebreo, tenía connotaciones políticas y religiosas. Se llamaba Miriam la hermana de Moisés y Aarón, la niña que hizo posible que su madre lo criara en la corte de Faraón, cuando los demás niños hebreos habían muerto por orden de este (Éx 1), y la profetisa que cantó la derrota del ejército de Faraón en las aguas del mar (Gén 15,20-21). Miriam también era el nombre de algunas princesas asmoneas. Los asmoneos eran sucesores directos de los macabeos, que repoblaron y gobernaron Galilea entre los siglos II y I a. C. Una dinastía que tuvo mucha influencia en la ciudad que la vio nacer, Magdala.

Al llevar un nombre muy común entre las mujeres galileas debía ser reconocida por algún apelativo; el de ella se refería a su lugar de origen, aunque lo habitual es que a las mujeres se las distinguiera como *esposas de* (María la de Cleofás, Jn 19,25) o *madres de* (María la de los Zebedeos, Mt 20,20). María la Magdalena no era conocida por referencia a ningún varón de su familia, ni esposo ni hijo. María caminaba sola cuando decidió seguir al profeta de Nazaret.

El apelativo *Magdalena* parece aludir a su lugar de origen, una ciudad al norte de Tiberíades a la que Flavio Josefo se refiere como Tariquea. Hoy sabemos por la arqueología que esa ciudad de Josefo era la de Magdala que las fuentes bizantinas identificaron como la ciudad de María Magdalena.

Magdala era una ciudad costera. Fundada en el siglo II a. C. al borde de la Vía Maris, una de las vías de comunicación de la época que conectaba la región con Egipto, la antigua ciudad de Meguido y las ciudades mediterráneas de Tiro y Sidón. Una ciudad de fácil acceso para los viajeros que llegaban a ella cargados de mercancías y novedades de tierras lejanas. Linos y piedras preciosas procedentes de Egipto; intercambio de frutos del campo procedentes de Galilea; viajeros de las regiones orientales de Gaulanítide, Batanea y Traconítide, del otro lado del lago y de los puertos mediterráneos. El puerto sería, sin duda, el centro neurálgico de la ciudad. Magdala fue capital de distrito desde tiempos de los asmoneos, como invitan a pensar las muchas monedas halladas en las excavaciones arqueológicas.

Magdala se dedicaba a la industria de los salazones, que era el modo de conservar la carne del pescado. La sal se traía de Mar Muerto para salar el buen pescado que se pescaba en el lago en aquella época. Una industria muy valorada, con la que se comerciaba en otros lugares. También se afincaba allí una industria de la seda, probablemente facilitada por las rutas comerciales de Oriente.

Todo esto nos hace imaginar a Magdala como una ciudad próspera con una gran influencia helenista a pesar de ser judía, nudo de comunicación con intensas relaciones comerciales. En la segunda mitad del siglo I, Herodes Antipas fundó una ciudad al sur, que llamó Tiberíades en honor al emperador Tiberio. Herodes quiso construir una nueva ciudad más afín a su posición política, lo que desmereció la actividad de Magdala, ciudad vecina.

Una mujer valiente, capaz de vivir fuera de lo que se supone que se espera socialmente de ella.

María de Magdala era una mujer judía que conocemos por el apelativo a su lugar de origen, no al de su familia o al de su marido o al de su hijo. ¿Significa eso que no estaba casada? Y si no lo estaba, cosa poco habitual en una mujer judía del siglo I, ¿por qué no lo estaba? No parece que fuera una viuda necesitada, Lucas la recuerda como proveedora de los bienes del grupo de Jesús junto con otras (cf Lc 8,3), así que debía tener una buena posición. Entonces ¿había sido repudiada por su familia? No podemos saber qué de todo esto es verdad sobre María Magdalena.

Lo que sí sabemos es que siguió a Jesús, al profeta de Nazaret, al que probablemente había escuchado cerca de su ciudad. Y ese seguimiento del que habla Lucas (Lc 8,1) hace de ella una mujer valiente, capaz de vivir fuera de lo que se supone que se espera socialmente de ella. También nos dice que fue una mujer inquieta, buscadora de la verdad, porque fue a escuchar a Jesús y quiso formar parte de su grupo. Y fue una mujer comprometida con el Reino que

Jesús predicaba porque lo dejó todo para seguirle. La mujer María de Magdala encontró en Jesús de Nazaret una nueva propuesta religiosa, y le pareció tan importante que abandonó su posición social y su futuro para acompañarlo. Primero en Galilea y después, en el viaje más difícil, el viaje a Jerusalén (cf Mc 15,41; Lc 8,1-3).

2

Todos la conocían

En la memoria de las primeras comunidades su nombre aparece siempre que se hace referencia al grupo de mujeres que seguía a Jesús de Nazaret. María Magdalena es recordada por todas las comunidades de los evangelios y su nombre es colocado en primer lugar.

En el mundo antiguo, en el que la transmisión del conocimiento, esto es, la memoria de un grupo social, se realizaba de forma oral, recordar era muy importante. No se escribía para recordar, se memorizaba. Se usaban fórmulas cortas, pequeñas listas o relatos breves, sencillos. Lo que se sabía no se leía, se contaba.

En ese mundo se hizo memoria de Jesús de Nazaret, probablemente en un contexto de reuniones comunitarias para recordar su vida, sus enseñanzas, los signos del reino de Dios que había realiza-

En esas listas de mujeres, María Magdalena siempre aparece en primer lugar.

do. En este momento de la memoria Jesús ya no está. Y quien cuenta es quien ha sido testigo de aquello que narra.

Esos testigos de Jesús contaron lo que habían visto y oído durante toda su vida. Esa fue su misión, transmitir aquello que habían experimentado o habían presenciado cuando seguían al Maestro de Nazaret.

Cuando esos testigos fueron desapareciendo, las comunidades sintieron la necesidad de poner por escrito todo aquello que habían ido atesorando a lo largo de la generación de los testigos: las parábolas de Jesús, sus palabras, sus gestos, la narración de sus últimos días, las apariciones, etc. Ese gran tesoro de la memoria de Jesús también debía incluir listas de quienes lo conocieron, los nombres de los que estaban allí.

Así tenemos listas de discípulos, de apóstoles y listas de mujeres. Y en esas listas de mujeres, María Magdalena siempre aparece en primer lugar, como Pedro aparece en primer lugar en las listas de los Doce. Estas listas eran breves, no más de cuatro nombres. Allí donde las comunidades recuerdan a las mujeres que siguieron y sirvieron a Jesús por Galilea y hasta Jerusalén (Lc 8,2-3 y Mc 15,41), o las mujeres que presenciaron su muerte (Mc 15,40; Mt 27,61; Lc 24,10; Jn 19,25), o experimentaron su Resurrección (Mc 16,1-16; Mt 28,1-9; Lc 24,10; Jn 20,18); allí, en todas ellas, María Magdalena es nombrada en primer lugar. Este orden refleja la importancia de las personas mencionadas, así que María Magdalena era la más importante de las mujeres que acompañaban a Jesús en su misión.

3

¿Discípula de Jesús?

El término *discípulo* en el mundo antiguo hacía referencia a personas que forman un grupo alrededor de un maestro, de quien aprendían compartiendo un tiempo de su vida con él. Trasladado al ámbito cristiano, discípulo sería aquella persona que pertenecía al grupo de seguidores de Jesús, que compartían con él su vida y mantenían con él una relación especial, cercana y de seguimiento de su persona y sus enseñanzas.

El testimonio de los evangelios canónicos no nos ayuda a la hora de identificar a María Magdalena como discípula, puesto que el término *discípula* en femenino no aparece en ninguno de los cuatro evangelios. Ahora bien, sí se habla de la discípula Tabita en He 9,36 y sabemos que el autor de Hechos es el mismo que el del evangelio de Lucas. Sin embargo, un evangelio apócrifo del siglo II, el evangelio de Pedro, cercano en su narración de la Pasión a los evangelios canónicos, nombra a María Magdalena como discípula (EvPe 12.50).

Algunos estudiosos han explicado esta aparente contradicción recordando que *discípulo* es un término que procede del mundo de la filosofía para referirse a los seguidores de un maestro y que en el tiempo de la memoria oral de las comunidades (siglo I), no existía en su forma femenina, aunque existían mujeres discípulas, por lo que *discípulos* podría ser interpretado como inclusivo en las primeras tradiciones, cuando no se indique lo contrario. Es posible pensar que el autor de Lucas lo usó en Hechos y no en el evangelio por respeto a la tradición recibida, que no conocía todavía el término.

Hay que decir también que el término *discípulo* solo aparece en los evangelios, no en el resto del Nuevo Testamento ni tampoco aparece en el Antiguo Testamento griego. Parece que se trata de una palabra que no se usaba en la época de Jesús ni en la anterior a él, lo que hace suponer que fuera el propio Jesús quien empleara este término para designar a sus seguidores y la relación que estableció con ellos, una relación semejante a la que los profetas del Antiguo Testamento establecían con sus seguidores, no tanto con los maestros del mundo grecorromano. Los discípulos de Jesús comparten con él su misión y su forma de vida al margen de la sociedad.

Aunque no encontremos el término *discípula* como referencia a María Magdalena podemos estudiar dónde y cómo se habla de ella para saber si cumplía los requisitos del discipulado y, por tanto, podríamos incluirla en ese *discípulos* usado de forma genérica.

El evangelio de Marcos, el primero de los evangelios, recuerda a María Magdalena y a otras mujeres como las que «habían seguido y servido a Jesús y habían subido con él a Jerusalén» (Mc 15,41). Y lo hace en el momento de la crucifixión: ella está al pie de la cruz junto con otras y se dice de ella que estuvo con Jesús mientras estaba en Galilea, donde le habían seguido y servido.

Seguir y *servir* son dos verbos que para Marcos guardan una estrecha relación. *Seguir* significa ser discípulo, porque hace referencia a un seguimiento personal que implica adhesión a la persona de Jesús. Cuando Marcos usa este término lo aplica al grupo que recorría Galilea con Jesús (1,18; 2,24-25; 6,1;

8,34; 9,32; 10,21.32.53; 15,41), aunque sin hacer explícita la presencia de las mujeres. El seguimiento en todos los casos tiene profundas consecuencias para la vida de quien sigue, porque así pasa a formar parte de la misión del maestro, como los profetas del Antiguo Testamento. El servicio es la expresión de que se comparte la vida con el maestro. Ambos términos son los mismos que se utilizan para definir la vocación de Eliseo hacia Elías (1Re 19,19-21).

Usados en el contexto de la crucifixión no parece sostenible argumentar que estos términos cambian de significado cuando tienen como sujetos a las mujeres. Por lo tanto, podemos extrapolar que cuando el evangelista habla de discípulos en otros lugares del texto también está haciendo referencia a las mujeres citadas solo en el relato de Pasión.

El significado del seguimiento se subraya con el segundo verbo, *servir*. El servicio en Marcos y en los otros evangelios es la característica específica de quienes son discípulos o quieren llegar a serlo. Se trata de una entrega personal, de una forma de vivir «como el que sirve» a ejemplo de Jesús (Jn 13). En Lucas es diferente porque separa ambos verbos y los usa de forma distinta según el género del sujeto que los realiza.

Entender estos verbos como términos que significan las cualidades del discípulo, cuando Marcos los usa para referirse a María Magdalena, implica el reconocimiento de su persona como discípula y su papel de testigo a imitar en el momento crucial de la muerte de Jesús, acompañada de otras. María Magdalena y las mujeres galileas que son descritas al pie de la cruz se muestran como ejemplo para las futuras generaciones en la comunidad marcana.

María Magdalena y las mujeres galileas que son descritas al pie de la cruz se muestran como ejemplo.

Marcos añade a estos dos verbos la expresión «subir a Jerusalén con él» al referirse a María Magdalena en los pies de la cruz. Esta expresión subraya la idea de un viaje especial, que hacía sentir miedo a los que le seguían (Mc 10,32). Si unimos todo como lo hace Marcos, la información que recibimos de esta mujer es que había iniciado su pertenencia al grupo de seguidores de Jesús en Galilea, que había compartido con Jesús y su grupo vida y misión y que había subido a Jerusalén. Un viaje sin retorno que le lleva a la cruz, el lugar donde es recordada María Magdalena, testigo de estos últimos momentos de su vida y modelo de discipulado.

«Subir a Jerusalén» es una expresión cargada de significado teológico y narrativo. Es uno de los hilos narrativos de este evangelio alrededor del cual se teje la tradición de los discípulos, que camina entre la enseñanza, la falta de comprensión y el miedo. Esta subida a Jerusalén marca la dificultad del seguimiento, sus tentaciones, sus dificultades, pero es un requisito inseparable del discipulado.

Por eso podemos decir que escuchar esta descripción de María Magdalena, de María la madre de Santiago el Menor y José, Salomé y otras muchas, dice de ellas que son modelos de discipulado a pesar de ser consideradas débiles por ser mujeres. Se puede seguir a Jesús a pesar de las dificultades y el miedo, esto es lo que pretende enseñar el evangelio de Marcos. Son ellas las que están al pie de la cruz, no ellos.

El evangelio de Lucas recoge la memoria de las mujeres durante el tiempo de Galilea y lo hace a través de un sumario, un resumen o síntesis de lo que era el grupo itinerante de Jesús en esa región. En ese sumario las mujeres en general son recordadas como personas que ha sido sanadas por Jesús, que le acompañan y sirven al grupo con sus bienes. Este grupo de mujeres, entre las que nombra a María Magdalena, Juana y Susana, acompaña a Jesús y los Doce (Lc 8,1-3).

El autor de este evangelio con esta descripción ha dividido el grupo en dos según el género, los Doce y las mujeres. Los Doce representan en Israel escatológico, las doce tribus de reunidas entorno al Mesías, y las mujeres representan la liberación de los demonios, las fuerzas contrarias a Dios como promesa de la salvación definitiva.

Lucas escribe para una comunidad en la que hay un significativo grupo de mujeres y para ellas describe al grupo de mujeres galileas. Son mujeres que han sido sanadas por Jesús de sus enfermedades –debilidades– y de espíritus malos (Lc 8,2). Especialmente María Magdalena, de la que ha expulsado siete demonios, un dato que otros evangelios no mencionan, salvo el final tardío de Marcos que bien puede estar tomando la tradición lucana.

Los demonios en el mundo antiguo, dentro de una sociedad carente de sanidad y lejos de entender cómo funciona la salud, eran el modo en que se explicaban alteraciones del orden social o personal sin una explicación aparente. Los demonios eran fuerzas que influían para bien o para mal en las personas o grupos, lo que permitía no culpabilizar a las víctimas de los comportamientos que estos provocaban.

Los espíritus inmundos, negativos, provocaban un comportamiento anormal o dañino en la persona poseída, que actuaba de ese modo por culpa del demonio que la poseía. Los estudios antropológicos han determinado que curiosamente estas posesiones negativas eran más frecuentes entre individuos situados al margen de la sociedad, como mujeres y niños. Al considerarlos poseídos cuando sus conductas no eran las esperadas de su condición social, no se tomaba en cuenta su denuncia, incluso con violencia, de aquello que les oprimía. La tensión social que la situación provocaba se reducía, la víctima se aislaba o se curaba, y el grupo podía seguir con su estructura social por muy opresora que esta fuese.

El fenómeno de la posesión tenía, por tanto, un carácter político, porque de su interpretación dependía el bienestar del grupo. Interpretar el comportamiento «díscolo» de la persona poseída como debido a un demonio ajeno a su persona evitaba tener que reconsiderar la estructura social que provocaba esa difícil situación personal.

Si Jesús curó a María Magdalena de siete demonios eso significa que ella vivía una situación difícil que sintió sanada por Jesús. Es decir, que encontró en Jesús y su movimiento un espacio sanador para su situación personal. Es probable que el autor del evangelio la esté presentando como ejemplo para aquellas mujeres de su comunidad que se encontraban insatisfechas con el papel que se les asignaba en ella.

Al releer las tradiciones recibidas, Lucas convierte en memoria social de su grupo el recuerdo de María Magdalena como mujer liberada de sus malos espíritus, que decide seguir a Jesús. Pero aquí no como discípula como los varones, sino como benefactora agradecida que pone sus bienes al servicio del grupo, como Lucas quiere que hagan las mujeres de su comunidad.

Este tipo de servicio es característico de la obra lucana y se desliga del servicio como condición de discipulado en el hilo narrativo de su obra (Lc y He). Una obra que va masculinizando el servicio discipular, el de la mesa, de otro tipo de servicios. Al realizar esta separación Lucas está reafirmando los papeles tradicionales de las mujeres ricas de su época, para las que está destinada la limosna o el sustento de la comunidad, pero no la autoridad comunitaria.

Podemos decir entonces que, al reconfigurar la memoria de María Magdalena de esta manera, el autor lucano está estructurando su comunidad en función del género, señalando como servicio para las mujeres poner sus bienes a disposición de la comunidad y para los varones la enseñanza y el anuncio del Evangelio. Lucas ha cambiado el sujeto de la acción de las mujeres que en Marcos era Jesús, al que seguían y servían, y para el autor lucano es la comunidad, Jesús y los Doce. Además, al final del este evangelio el testimonio de las mujeres será tachado de delirio (Lc 24,10) y las dejará fuera del testimonio de la Resurrección (He 1,21-26).

4

La que ha visto al Señor

El único evangelio que presenta a María Magdalena dando testimonio de su experiencia pascual en las proximidades de la tumba es el evangelio de Juan. En el capítulo 20 se recuerda su visita a la tumba de madrugada, cuando todavía era de noche y su testimonio de que estaba vacía (Jn 20,1-2). La tumba vacía, que en todos los evangelios es la prueba narrativa de la Resurrección, en este evangelio es el escenario para la primera aparición no fue a los varones que corren a comprobar lo que María ha dicho, Pedro y el discípulo amado (Jn 20, 3-10), sino a María Magdalena (Jn 20,11-18).

La narración de esta aparición es un bellísimo diálogo entre esta mujer y el Maestro resucitado que recoge los elementos teológicos que han ido tejiendo el relato de este evangelio hasta llegar a este momento.

La imagen de la escena, cuando María se asoma a la tumba que ya no contiene el cuerpo de Jesús, la protagonizan dos ángeles, uno a la cabeza y otro a los pies. Curiosa imagen que recuerda las figuras aladas de Osiris y Neftis que custodian el sarcófago de Isis con el fin de reanimar su cuerpo. Aquí los ángeles testimonian el carácter sobrenatural de lo ocurrido.

María se vuelve para encontrarse con el que piensa es el hortelano y, como a los discípulos de Juan el Bautista al principio este evangelio (Jn 1,38), le pregunta: «¿A quién buscas?». Este *buscar* es un verbo cargado de significado teológico para el cuarto evangelio. El que busca encuentra e inicia el seguimiento, pero la búsqueda debe ser desinteresada, porque los que solo buscan saciar su hambre, esos no lo encuentran (Jn 6,41-47; 8,21; 13,33; 14,5).

Con esta pregunta la comunidad que escucha el relato ya sabe que María Magdalena es discípula de Jesús, no hace falta decir más. Acto seguido el supuesto hortelano la llama por su nombre, María. Ella pertenece a su rebaño, él conoce su nombre, ella reconoce la voz de su pastor y, por eso, responde: «¡Maestro!».

María acaba de reconocer en su interlocutor al Maestro resucitado. El encuentro con él le ha permitido entender la profundidad de su enseñanza. En la noche de la muerte, ante el dolor y la incredulidad de la cruz, María reconoce la luz (Jn 9,4), estaba ciega y ahora ve (Jn 10,37), el mundo ya no lo ve, pero ella sí (Jn 14,19), estaba triste y ahora está llena de alegría (Jn 16,22). ¡Ha visto al Señor!

El Señor envía a María Magdalena a decir a la comunidad: «He visto al Señor». Esta expresión tiene dos niveles de interpretación, el que tiene que ver con lo ocurrido y el que tiene que ver con el significado de lo ocurrido, ambas inseparables, el primer nivel al servicio del segundo nivel.

Porque entendemos que «he visto» significa encontrarse con la persona vista, porque implica que la ha reconocido, que ha hablado con ella para asegurar el reconocimiento, por todo eso se puede entender la experiencia de fe de María Magdalena en las proximidades de la tumba. Ella se ha encontrado con el Resucitado, y él en diálogo con ella ha hecho posible que le reconociese como el Maestro, el Señor. María ha comprendido la enseñanza de Jesús, es el Señor, el enviado del Padre.

María Magdalena ha visto, como lo había hecho Isaías con sus propios ojos (Is 6,1), expresando la percepción del creyente que vive un encuentro con Dios. Una experiencia que transforma a la persona y la convierte en transmisora para otros de esa posibilidad de fe.

El verbo empleado, *he visto,* por María Magdalena se corresponde con la tradición veterotestamentaria de los profetas de Israel. Ellos, a diferencia de los patriarcas a los que «se les aparece» Yavé, son sujetos de la percepción, testigos de la fe. Es el segundo nivel de interpretación el de la fe, haber visto es expresión de Revelación.

Al elegir el verbo *ver* como expresión de la revelación, el autor del cuarto evangelio enfatiza el carácter personal y existencial del encuentro con el Resucitado. Y hace a su protagonista testigo de la fe para la comunidad.

La proclamación de la fe en los orígenes cristianos dependía del testimonio de quienes habían visto, los testigos oculares. Lucas describe en el inicio de su evangelio que la proclamación de Cristo correspondía a aquellos que desde el principio habían visto con sus propios ojos y eran servidores de la Palabra (Lc 1,2). La fe de las primeras comunidades se apoya en el testimonio de los testigos, los apóstoles que habían visto al Resucitado.

Todo esto significa que, en la comunidad del cuarto evangelio, la figura de María Magdalena es presentada como la primera testigo de la Resurrección, enviada por el mismo Resucitado a contar a la comunidad lo que había visto (Jn 20,17: «Ve a decir a mis hermanos»). María es para esta comunidad el fundamento de la fe en el Resucitado, la primera que entendió que el Crucificado era el Resucitado, que Jesús de Nazaret era Cristo, el Señor.

Esta tradición de que María Magdalena fue la primera en ver al Resucitado también la encontramos en Mateo (Mt 28,1-10), que muestra coincidencias de vocabulario con Juan. El que Mateo presente a dos mujeres en la narración, María Magdalena y la otra María, puede ser redaccional, puesto que los verbos que usa en todo el relato están conjugados en singular.

También encontramos noticias del testimonio apostólico de María Magdalena en Marcos, en lo que todos los autores coinciden en reconocer como el final añadido de Marcos (Mc 16,9-20). Un apéndice datado en el siglo II, que probablemente circuló entre las comunidades antes de ser incorporado a este evangelio. En sus primeros versículos contiene datos tomados de Lucas como la referencia a los siete demonios o la incredulidad de los varones, comparte el verbo *anunciar* con Mateo e incorpora la alusión al luto y el llanto del evangelio de Pedro (Mc 16,9-11). Son tradiciones reunidas en lo que bien podría ser un relato de transmisión de la fe con María Magdalena como protagonista.

Todo esto nos indica que los evangelistas están recogiendo una tradición muy antigua de origen oral, que recopilaba la memoria de la aparición a María Magdalena. Podemos aventurarnos entonces, con los datos aportados, a afirmar que María Magdalena fue una testigo de fe para las primeras comunidades. Había recibido el privilegio de la primera aparición del Resucitado, había comprendido en toda su profundidad la vida de Jesús de Nazaret, al que llamó *Señor*. Expresó la primera fórmula de fe ante la comunidad asustada: «He visto al Señor», y su testimonio fue recordado y celebrado por las comunidades. A la hora de conservarlo, cada una lo hizo en función de su situación vital, pero, aun así, ninguna pudo negar su presencia en el movimiento de Jesús, ni en su Pasión, ni en su Resurrección.

5

Dónde ha visto al Señor

La experiencia de fe de María, la llamada *Magdalena,* tuvo lugar en las inmediaciones de la tumba de Jesús. Ya sabemos que solo aparece en los evangelios en los relatos de Pasión, lo que indica que lo que sabemos de ella procede de una tradición muy temprana vinculada de manera indiscutible con los acontecimientos que desencadenaron la fe, los últimos días de Jesús en Jerusalén.

Los relatos de Pasión presentes en todos los evangelios son el germen narrativo de la memoria de Jesús de Nazaret a partir de la cual se tejen y desarrollan los demás recuerdos sobre él. Quienes vivieron esos días con Jesús, el grupo que le acompañó desde Galilea, hicieron memoria de todo ello tras su muerte y Resurrección. En ese grupo, como ya hemos dicho, estaban María Magdalena y otras mujeres.

Ellas ante la tumba desafiaron con su llanto el poder político y religioso que lo había provocado.

En el mundo mediterráneo antiguo las mujeres desempeñan un papel público fundamental en el momento de la muerte de un ser querido. Ellas habían sido testigos de su martirio en la cruz, fueron testigos de su sepultura y visitaron la tumba la madrugada del primer día de la semana. En las inmediaciones de la tumba ellas lloraban y se lamentaban por la muerte de Jesús como se hacía en esa cultura por los muertos.

Su llanto ante la tumba del ajusticiado fue una acción política. Ellas ante la tumba desafiaron con su llanto el poder político y religioso que lo había provocado. Lloraron públicamente como era la costumbre y se lamentaron de lo ocurrido, y en ese lamento comenzaron a recordar quién había sido para ellas el muerto. Ellas, que habían formado parte de su grupo en Galilea y que habían compartido el viaje y sus enseñanzas hasta Jerusalén, iniciaron la memoria del maestro. En su lamento hacen accesible para todos la experiencia de la muerte injusta de Jesús y acompañan a la comunidad.

La participación de las mujeres en las fiestas fúnebres era una tradición muy antigua que consistía en llorar y componer narraciones o poemas sobre la vida del difunto que se llamaban *lamentos*. Eran celebraciones públicas de toda la comunidad, hombres y mujeres, algo poco habitual en el mundo antiguo. En ellas se permitía a las mujeres expresar en público el dolor de la comunidad por el fallecimiento del difunto. Eso es lo que María Magdalena y sus compañeras iban a hacer en la tumba de Jesús y lo que iban a seguir haciendo durante el tiempo que durará el duelo.

Jesús fue un crucificado que no habría tenido sepultura en el mundo romano, aunque la arqueología ha demostrado que sí permitía el entierro de crucificados en la zona judía por respeto a su fe. Pero podría ser que lo que estuvieran prohibidos fueran los rituales de duelo y por eso todos los evangelios hablan de que las mujeres fueron de madrugada a la tumba, mientras la comunidad permanecía encerrada por miedo a las autoridades. La acción de estas mujeres desafió la prohibición, quizás la injusta muerte de su maestro las llevó a ello.

Pero en el caso de Jesús el llanto se tornó en anuncio. En las inmediaciones de la tumba, María

Magdalena experimentó la Resurrección de Jesús, lo que el cuarto evangelio narra como un encuentro con el Resucitado. Por tanto, la memoria del Maestro no es un recuerdo que lleva a la aceptación de la muerte de Jesús, sino al gozo de su presencia resucitada.

Así, en el contexto cultural de los rituales de duelo, la experiencia de María Magdalena puede ser escuchada en asamblea. Ella puede dirigirse a la comunidad para dar testimonio de su experiencia y anunciar la Buena Noticia. La comunidad hará memoria de Jesús e irá profundizando su mensaje y sus obras configurando la fe en el Hijo de Dios por acción de Espíritu que el Resucitado les ha transmitido.

Podemos decir entonces que las mujeres en general y María Magdalena en particular jugaron un importantísimo papel en el primer anuncio de la fe y en el inicio de la memoria de Jesús. Una memoria que estimuló la comprensión de sus enseñanzas y obras desde la esperanza en la resurrección como él les había dicho. Todo esto debió ocurrir en las inmediaciones de la tumba y en las celebraciones litúrgicas en Jerusalén, que se parecerían mucho a los banquetes funerarios propios de la cultura de esa época. Banquetes en los que se compartían el pan en honor al fallecido y se contaban historias de su vida.

María Magdalena había sido testigo de la muerte de Jesús y había experimentado su presencia resucitada en las cercanías de su tumba. Ella fue sin duda determinante para establecer las bases de la fe cristiana, el mismo Jesús, al que había visto morir y enterrar, había resucitado, se le había aparecido y la había enviado a contárselo a sus hermanos.

La tumba vacía se convierte así en el escenario de la fe, y fue así porque todos los evangelios dan muestras de su recuerdo. Un recuerdo como este, tan controvertido por lo que suponía de poder ser prueba del robo del cadáver, como porque fueron las mujeres quienes lo contaron, está presente en todos los evangelios que también cuentan que los varones de la comunidad fueron a comprobarlo (Lc 24,12; Jn 20,3-10).

6

Una mujer con autoridad

Recorrer los escenarios en los que los evangelios canónicos colocan a María Magdalena nos ha permitido profundizar en la importancia y significación de esta figura de los orígenes cristianos.

Unos orígenes marcados por la organización patriarcal que regía la sociedad y que no fueron capaces de conservar en todo su valor la propuesta contracultural del movimiento de Jesús de Nazaret. Una propuesta que incluía la plena participación de las mujeres.

En ese grupo de mujeres una figura destacada, María Magdalena como muestra su posición en las listas de mujeres presentes en los cuatro evangelios canónicos, siempre presente y siempre en primer lugar. Esta forma de recordarla nos dice mucho del recuerdo y de su protagonismo.

Las listas eran la forma en que la memoria oral recordaba lo importante. Igual que había listas de discípulos varones encabezados siempre por Pedro, había listas de mujeres, encabezadas siempre por María Magdalena.

La historia del movimiento de Jesús de Nazaret es por tanto una historia plural habitada por hombres y mujeres, como lo fue la historia del movimiento pospascual que dio lugar al cristianismo, al menos hasta el siglo II. A partir de ese momento en la pluralidad de experiencias y comunidades que formaba un conjunto de creyentes del Resucitado fue diferenciándose entre ortodoxia y heterodoxia, canónico y apócrifo, dentro y fuera. En ese juego de estructura los rastros de las mujeres que creyeron en Jesús Resucitado fueron exiliados de la memoria de la gran Iglesia y acabaron siendo señaladas como pertenecientes a movimientos heréticos.

La figura de María Magdalena se alza en el corazón de estos movimientos confirmando su primado discipular y apostólico. En los textos apócrifos quedan vestigios de una tradición que se desarrolló alrededor de su figura, en lo que tiene que ver con su autoridad apostólica.

Grupos de mujeres creyentes, profetisas, misioneras, líderesas de sus casas, a las cuales menciona el apóstol Pablo en sus cartas (Rom 16) y otras muchas, probablemente encontraron en su figura el ejemplo y la autoridad.

María Magdalena había sido discípula de Jesús, le había acompañado a Jerusalén y, una vez allí, había permanecido a pesar de las dificultades a los pies de la cruz, y había visitado su tumba a pesar del miedo por lo ocurrido, y había sido privilegiada con la primera aparición del Resucitado, que la envía a la comunidad. ¡Qué mejor inspiración para la misión cristiana de las mujeres!

Como ya hemos ido viendo la tradición canónica muy pronto comenzó a preocuparse por el escándalo que todo esto pudiera reportar al movimiento cristiano y fue recolocando a estas mujeres en puestos cada vez más secundarios, siempre fuera de la enseñanza y la presidencia de la celebración. Mientras, en los movimientos marginales del cristianismo antiguo, el interés por María Magdalena fue creciendo hasta convertirla en fundamento de la autoridad de las mujeres.

Predicadoras como Tecla o profetisas como Priscila y Maximina alcanzaron cotas de liderazgo incuestionables que bien podrían haberse inspirado en el hecho de que fue María Magdalena quien evangelizó a Pedro y no al revés. Sin embargo, Pedro se convirtió en príncipe de los apóstoles mientras María Magdalena quedó fuera del proceso autorizado de transmisión de la fe.

Hace falta saltar esas barreras entre ortodoxia y herejía, que no eran tales en el cristianismo antiguo, para recuperar la figura apostólica de esta mujer de la que solo nos ha llegado su leyenda: pecadora arrepentida, madre de los hijos de Jesús, amante y otras tantas fantasías literarias que de ningún modo permiten reconocerla como apóstol.

Mientras el movimiento cristiano de los orígenes fue desconocido para las élites intelectuales del mundo antiguo, la reformulación social que planteaba no supuso un problema. Como movimiento marginal podía tener esclavas como líderes de comunidades, todos podían compartir la misma mesa o asistir juntos a las reuniones comunitarias independientemente de la condición social, sexual o económica.

Pero a partir del siglo II, cuando el movimiento cristiano hubo crecido lo suficiente para ser tenido en cuenta, los ataques al cristianismo por lo que significaba de subversión del sistema social se hicieron patentes en la figura de Celso. Celso acusó a Jesús de vivir de manera deshonrosa por dejarse acompañar por mujeres y acusó al movimiento cristiano de dar crédito al testimonio de una mujer sobre la Resurrección de Jesús. Sabemos por Orígenes que la mujer a la que se refería era María Magdalena, a la que acusó de histérica y embaucada por la brujería (*Contra Celso* 2,70).

Aquí está la clave del abandono de la figura de María Magdalena como testigo de la Resurrección.

Celso señala a María Magdalena como instigadora de la historia cristiana de la Resurrección. Dar valor al testimonio de una mujer es lo que desacredita al cristianismo como movimiento religioso que pretende un lugar en la sociedad romana del siglo II. Aquí está la clave del abandono de la figura de María Magdalena como testigo de la Resurrección por parte de la que después de dos siglos será la religión oficial de Imperio romano.

La conducta de las mujeres cristianas, contraria a los cánones sociales, encendió la llama de la crítica pagana que entendían que esa conducta determinaba la naturaleza del movimiento cristiano al que pertenecían. Por eso los textos eclesiales de la época comenzaron a preocuparse por la respetabilidad de las mujeres del grupo. Esto afectó significativamente a la memoria de María Magdalena en la corriente ortodoxa de la Iglesia, porque recordarla en la historicidad de su testimonio empezaba a resultar problemático.

Estas pinceladas históricas permiten entender el motivo de la desfiguración de la memoria de María Magdalena a lo largo de los siglos, a la vez que se conservaba el testimonio antiguo de su protagonismo. Una ambigüedad fácilmente reconocible en los primeros Padres de la Iglesia que, por un lado, mostraban una visión negativa de las mujeres y, por otro, defendían su testimonio en la Resurrección. Tal es el caso de Ireneo de Lyon (ca. 140-202) o de Orígenes de Alejandría (185-253).

7

El germen de su apostolado

Aunque como hemos visto, algunas comunidades cristianas, al reelaborar su memoria trataron de dejar a un lado el testimonio original del apostolado de María Magdalena, otras desarrollaron el germen de esta tradición. Estamos hablando de una época en la que el canon de los libros cristianos no estaba definido, ni la doctrina determinada. Todo estaba en desarrollo. Y la realidad cristiana por aquel entonces era plural. Nos referimos a finales del siglo primero, principios del segundo.

Unos orígenes marcados por la organización patriarcal. Esto podemos afirmarlo porque se han encontrado escritos que han permitido dibujar un amplio abanico de comunidades cristianas. Sus textos nos hablan de otras formas de contar la memoria de Jesús y sus discípulos. Y en algunos de ellos también una forma diferente de recordar a María Magdalena.

Estos textos son denominados *apócrifos,* porque no entraron en el canon, aunque hay indicios de que eran conocidos y ampliamente difundidos por el Oeste cristiano. Ellos nos hablan de nuestra protagonista como receptora y transmisora de las enseñanzas de Jesús que solo ella conoce, incluso como las más capacitada de entre todos los discípulos para entender el mensaje de Jesús.

El rastro de la memoria de María Magdalena se encuentra disperso en forma de frases o breves relatos esparcidos en textos más amplios. En esta memoria apócrifa cobran especial relevancia el evangelio de María, un papiro del siglo II, y Pistis Sophia, un códice del siglo III. Ambos proceden de Egipto, aunque no de Nag Hammadi, como el evangelio de Tomás, el evangelio de Felipe –ambos en el códice II– y Sabiduría de Jesucristo y Diálogo del Salvador, ambos del códice III, que también contienen rastros de la memoria de la Magdalena. Todos estos textos tienen algo en común y es que son diálogos entre el Resucitado y sus discípulos y discípulas.

Empecemos nuestro recorrido por estos textos apócrifos con el evangelio de María. Podemos situar la datación de su texto base entre finales del siglo I y principios del siglo II. De este modo el origen de la tradición que contiene sobre María Magdalena podríamos enmarcarla en la misma época en que dentro de las élites intelectuales romanas se comienza a detectar al cristianismo como una secta peligrosa.

Los estudios científicos han identificado a la María titular de este evangelio como nuestra María Magdalena, en un relato que dice que el Resucitado, aquí llamado *Salvador* o *Anunciador,* se le aparece en una visión y tiene con ella un diálogo revelador, lo que le permite actuar como consoladora de la comunidad, cuando el «Salvador» les deja. En ese momento Pedro le pide que comparta con ellos lo que el Resucitado le ha revelado: «Hermana, sabemos que el Salvador te amó distinguiéndote de las demás mujeres. Repítenos las palabras que te dijo, las que recuerdas y de las que nosotros no tenemos conocimiento».

Y María Magdalena toma la palabra y les anuncia lo que no han oído. La acción de anunciar es una acción propia de un apóstol. Una persona que ha sido testigo de lo que cuenta en relación con la

Podemos darnos cuenta de la importancia de la autoridad apostólica y el valor de atribuir ese título a las mujeres.

memoria de Jesús, enviada por Dios o por la comunidad para realizar dicha misión. Hay que recordar que, cuando Pablo habla de sí mismo como apóstol de los gentiles, se siente enviado por la comunidad a la misión de transmitir la Buena Noticia a los no judíos. Y añadir que, en ese momento histórico, esta palabra no está identificada con los Doce. En ese momento apóstol es quien ha tenido experiencia del Resucitado y ha sufrido por Cristo, como Junia, apóstol ilustre entre los apóstoles (Rom 16,7).

Será el autor de Lucas, tiempo después, el que hará la identificación y asignará a doce varones cristianos el título de *apóstoles* (He 1,21-22). Estamos ante una memoria que busca su fundamento en retrotraer a la época de Jesús un título comunitario pospascual. En este cambio podemos darnos cuenta de la importancia de la autoridad apostólica y el valor de atribuir ese título a las mujeres.

Después de que María cuente su visión y lo que le ha sido revelado a ella por el Salvador, Andrés, el hermano de Pedro, toma la palabra y pone en cuestión lo contado por ella. Acto seguido Pedro interviene para apoyar la duda de Andrés y añadir un elemento: ¿es posible que el Salvador haya hablado así con una mujer? La duda ya no es por lo que cuenta María, sino por el hecho de que una mujer haya recibido una enseñanza, algo que no es costumbre en la época. María llora, dirá el texto.

Inmediatamente interviene Leví: «Pedro, tú siempre eres impulsivo, veo ahora que te ensañas con una mujer como lo hacen nuestros adversarios. Sin embargo, si el Salvador la ha hecho digna, ¿quién eres tú para rechazarla?».

Estas palabras de Leví nos dan un contexto de controversia sobre la autoridad de las mujeres, probablemente presente en todas las comunidades. Además, nos recuerda otro texto apócrifo del evangelio de Tomás, en el que el propio Jesús ante una queja similar de Pedro, le dice: «Yo la haré varón», es decir, digna.

Parecer ser que la memoria apostólica de la Magdalena y con ella la de las mujeres en general tensionó la vida de las comunidades en estos primeros siglos del cristianismo. Entre otras cosas, porque, como dice Pedro en este evangelio según

María, tendrían que cambiar sus costumbres, que no consistían en escuchar las enseñanzas de una mujer.

La rivalidad entre Pedro y María Magdalena aparece como vemos en distintas obras. El evangelio de Tomás recoge en el dicho 22 una afirmación de Pedro en contra de las mujeres: «Di a esta mujer (María Magdalena) que salga de entre nosotros porque las mujeres no son dignas de la vida». El prejuicio cultural de la debilidad femenina está marcando aquí la petición de la comunidad puesta en boca de Pedro.

Otra obra ya del siglo III, Pistis Sofía, contiene un diálogo del Resucitado con sus discípulos, en el que María Magdalena realiza la mayoría de las preguntas del grupo de discípulos. En un momento determinado Pedro interviene: «Mi Señor, no podemos aguantar a esta mujer que nos quita la oportunidad de hablar porque ella lo hace mucho». De nuevo, Jesús la defiende comentando que es el Espíritu el que hace posible que ella hable. En otro momento de la obra es María la que comenta con el Resucitado que tiene una interpretación de la revelación, pero que no se atreve a compartirla por miedo a Pedro.

Estos ejemplos son apenas una muestra de lo que descubrimos en la lectura de estos textos, un atisbo de lo peligrosa que fue la memoria apostólica de María Magdalena fundamentalmente en dos aspectos: el origen de su enseñanza y su autoridad apostólica. Ambos aspectos procedentes de su condición de testigo de la Resurrección y de su participación en el grupo de Jesús desde sus comienzos en Galilea.

María Magdalena aglutinaba los dos aspectos determinantes para la asignación de ministerios y tareas de liderazgo en las comunidades. La única condición que ella no cumplía era la ser varón. Y esto fue un elemento fundamental para el posterior desarrollo de su memoria, la cultura de aquella época no permitía semejante condición para una mujer. Y los grupos que la reivindicaron fueron apartados de la organización de la gran Iglesia que se estructurará sobre la base del apostolado de Pedro a partir del siglo II.

Por su parte, la memoria de la gran Iglesia sobre esta mujer se fue reelaborando, desde su sustitución por María de Nazaret, su identificación con la mujer pecadora del capítulo 8 del evangelio de Juan o con la mujer que unge los pies de Jesús en el evangelio de Lucas. Trazos de una memoria que sorprendentemente conservamos hasta nuestros días, cuando relacionamos a María Magdalena con el llanto inconsolable de una mujer pecadora que sintiéndose salvada al conocer a Jesús queda sometida a eterna penitencia por sus pecados. No hace falta más que hacer un recorrido por el arte de muchas de nuestras iglesias y museos para constatar esta realidad.

8

Semilla de esperanza

La memoria de María Magdalena que hemos podido conocer a lo largo de esta lectura surge hoy para las mujeres cristianas como esperanza y acicate, en el camino hacia una experiencia comunitaria vivida en mayoría de edad.

Las mujeres, que ya han conquistado esa mayoría de edad en la sociedad civil, empiezan a reclamar esa misma mayoría de edad en la comunidad eclesial. La figura de María Magdalena y el estudio de su memoria es importante porque aporta a las mujeres cristianas la posibilidad de reconstruir la propia historia y esperar un futuro diferente en el que la condición de varón no sea el motivo por el que sean apartadas de los ministerios y tareas eclesiales, cuando es el Espíritu el que las llama.

Esquema visual

MARÍA MAGDALENA

Una mujer con autoridad

prostituta deshonra llanto

limpiar la memoria

conocer a Jesús

cambia la vida

Magdala

prosperidad

solvente

valiente

MIRIAM

independiente

primeras comunidades
—memoria oral—

MIRIAM
autoridad

importancia

líder

① CONOCIDA

entrega
SEGUIR

misión

(Mc)

SERVIR

Jerusalén
—miedo—

② ¿DISCÍPULA?

sanación

(Lc)

agradecer

SERVIR
(con sus bienes)

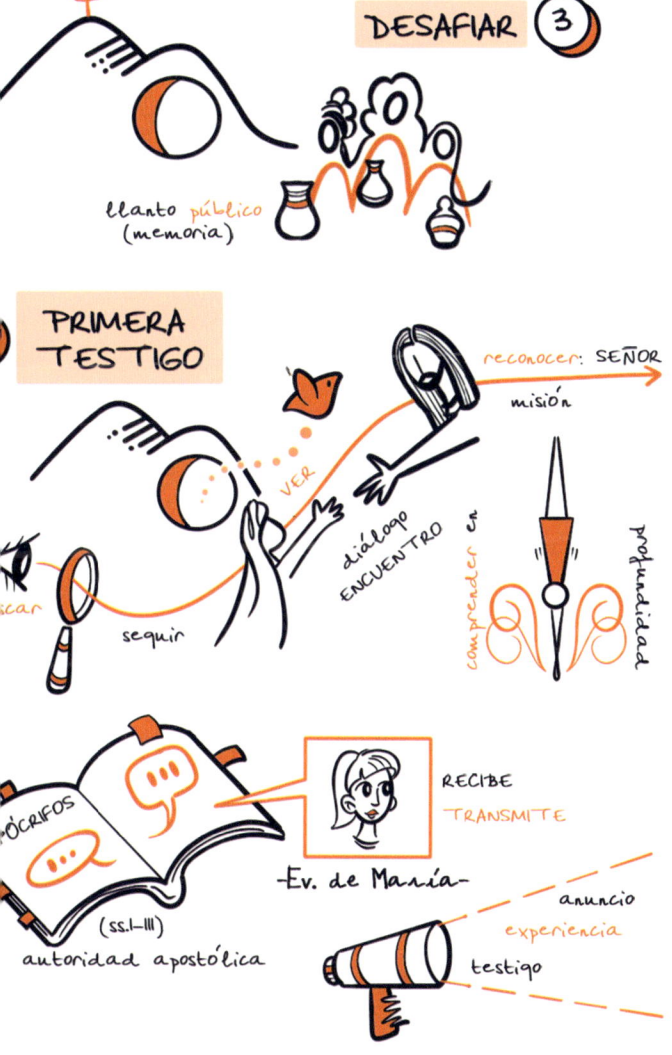

DESAFIAR 3

llanto *público*
(memoria)

PRIMERA TESTIGO

VER

reconocer: SEÑOR

misión

diálogo ENCUENTRO

comprender en profundidad

buscar

seguir

APÓCRIFOS

RECIBE
TRANSMITE

-Ev. de María-

(ss.I-III)

autoridad apostólica

anuncio
experiencia
testigo

Para el trabajo individual

- Lee los textos de Mt 28,1-10 y Jn 20,1.11-18 y compáralos. Busca las coincidencias de personajes, vocabulario, escenario. ¿A quién se dirigen las mujeres en ambos textos? ¿Cuántas mujeres hay?

- Lee el texto de Lc 24,1-10, ¿qué elementos comunes comparte este relato con los leídos en la actividad anterior? ¿Qué significa *buscar* en la tradición cristiana de los primeros tiempos? Leer Jn 1,35-39 te puede ayudar a responder a esta cuestión.

- Lee los textos de Lc 24,11-12 y Jn 20,3-10 y descubre los elementos comunes de esta tradición que pone en cuestión el testimonio de las mujeres.

Escribe en forma de relato, fácil de representar ante una audiencia, esa memoria compartida sobre la figura de María Magdalena.

Dinámica grupal

- Leed los textos de Mt 28,1-10 y Jn 20,1.11-18 y comparadlos. ¿En qué aspectos se diferencian los dos textos? ¿Cuál es la imagen de las mujeres que proyecta cada texto? ¿Cuáles son los interlocutores de las mujeres? ¿Cuál creéis que es la intención del autor en cada texto?

- Leed los textos de Lc 24,11-12 y Jn 20,3-10 y poned en común aquellos elementos de los textos. ¿Qué visión de las mujeres hay en ambos textos?

A partir de este trabajo, consensuad en grupo cuáles pueden ser los elementos de la memoria más antigua sobre María Magdalena. Esta forma de consensuar elementos es la propia de los procesos de memoria comunitaria: la comunidad valida los relatos y los datos, intenciones, ideas y valores de ese relato. Haced lo mismo vosotros en grupo.

Rutinas de pensamiento

PIENSA, CONECTA,

1 ¿Qué conoces de María Magdalena

¿Qué sé sobre los apócrifos?

¿Qué conozco de las primeras comunidades?

¿Qué mujeres conozco de los evangelios?

¿Qué me han transmitido de esta mujer?

EXPLORA

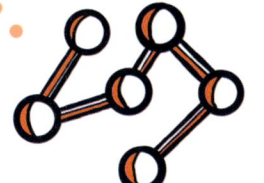

2 ¿Con qué lo conectas y relacionas?

¿Qué imagen de las mujeres se transmite en el relato?

¿Qué valores femeninos encuentro?

¿Qué puede aportar Magdalena a mi vida cristiana?

3 ¿Qué te invita a conocer o explorar?

¿Qué busco en mi vida personal?

¿Qué busco o sigo en mi vida de fe?

¿Qué transmito de las mujeres que seguían a Jesús?

¿Cómo puedo ser testigo al modo de María Magdalena?

PIENSA, CONECTA,

EXPLORA

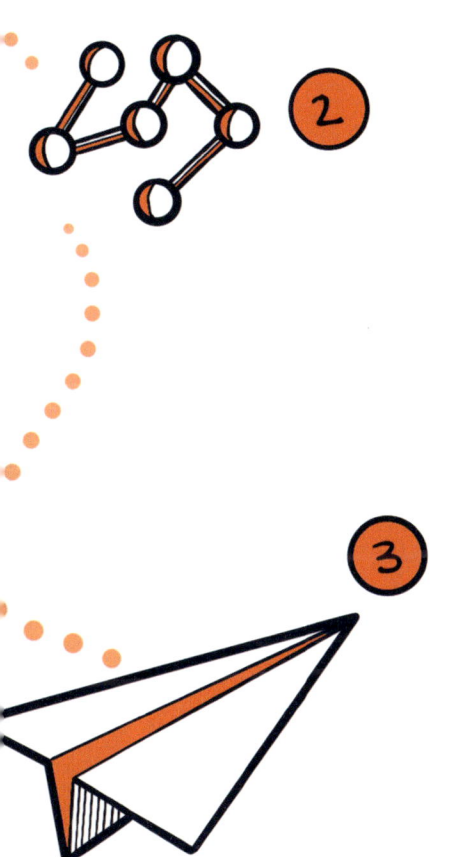

Bibliografía

VV. AA., *María Magdalena, mujer, discípula y personaje,* en Reseña bíblica 107/3 (2020). Una revista dedicada a los distintos aspectos de la figura del personaje que permite completar de forma sencilla lo trabajado en esta obra, escrita por mujeres biblistas especialistas en el tema.

MARÍA JOSÉ ARANA, *La espiritualidad de María Magdalena vivida por las mujeres,* San Pablo, Madrid 2025. Una obra que aborda la devoción de la figura de María Magdalena en Europa de la mano del Camino jacobeo, haciendo especial mención al País Vasco. Presenta esa parte de la devoción de la santa de Magdala que, aun como pecadora arrepentida, ha inspirado la misión evangélica de muchas mujeres a lo largo de la historia.

CARMEN BERNABÉ, *Qué se sabe de… María Magdalena,* Verbo Divino, Estella 2020. Una obra muy completa, exhaustiva y actualizada sobre María Magdalena de la mano de Carmen Bernabé pionera en los estudios sobre las tradiciones de María Magdalena en España.

MARINELLA PERRONI-CRISTINA SIMONELLI, *María de Magdala. Una genealogía apostólica,* San Pablo, Madrid 2017. Un texto que muestra otra visión del apostolado de María Magdalena y que puede ser de interés para completar todo el panorama de estudios sobre esta mujer bíblica.

CARMEN PICÓ, *«He visto al Señor» (Jn 20,18a). La palabra autorizada de María Magdalena,* en Estudios Eclesiásticos 90/352 (2015) 41-73. Artículo científico recomendado para quien quiera profundizar en el significado de los verbos de visión como elementos de transmisión de la revelación en el mundo bíblico pero más en concreto en el cuarto evangelio, lo que ayuda a entender la autoridad de las palabras del María Magdalena en este evangelio.

Índice